BEI GRIN MACHT SICH IHR WISSEN BEZAHLT

AF141598

- Wir veröffentlichen Ihre Hausarbeit, Bachelor- und Masterarbeit

- Ihr eigenes eBook und Buch - weltweit in allen wichtigen Shops

- Verdienen Sie an jedem Verkauf

Jetzt bei www.GRIN.com hochladen und kostenlos publizieren

Gebhard Deißler

Kulturpolitik und soziopolitische Wertschöpfung

GRIN Verlag

Bibliografische Information der Deutschen Nationalbibliothek:

Die Deutsche Bibliothek verzeichnet diese Publikation in der Deutschen National-
bibliografie; detaillierte bibliografische Daten sind im Internet über http://dnb.d-
nb.de/ abrufbar.

Dieses Werk sowie alle darin enthaltenen einzelnen Beiträge und Abbildungen
sind urheberrechtlich geschützt. Jede Verwertung, die nicht ausdrücklich vom
Urheberrechtsschutz zugelassen ist, bedarf der vorherigen Zustimmung des Verla-
ges. Das gilt insbesondere für Vervielfältigungen, Bearbeitungen, Übersetzungen,
Mikroverfilmungen, Auswertungen durch Datenbanken und für die Einspeicherung
und Verarbeitung in elektronische Systeme. Alle Rechte, auch die des auszugsweisen
Nachdrucks, der fotomechanischen Wiedergabe (einschließlich Mikrokopie) sowie
der Auswertung durch Datenbanken oder ähnliche Einrichtungen, vorbehalten.

Impressum:

Copyright © 2013 GRIN Verlag GmbH
Druck und Bindung: Books on Demand GmbH, Norderstedt Germany
ISBN: 978-3-656-56664-9

Dieses Buch bei GRIN:

http://www.grin.com/de/e-book/229529/kulturpolitik-und-soziopolitische-wertscho-
epfung

GRIN - Your knowledge has value

Der GRIN Verlag publiziert seit 1998 wissenschaftliche Arbeiten von Studenten, Hochschullehrern und anderen Akademikern als eBook und gedrucktes Buch. Die Verlagswebsite www.grin.com ist die ideale Plattform zur Veröffentlichung von Hausarbeiten, Abschlussarbeiten, wissenschaftlichen Aufsätzen, Dissertationen und Fachbüchern.

Besuchen Sie uns im Internet:

http://www.grin.com/

http://www.facebook.com/grincom

http://www.twitter.com/grin_com

 *Transcultural Management*

Gebhard Deißler D.E.A./UNIV. PARIS I

Kulturpolitik und soziopolitische Wertschöpfung

Copyright © Gebhard Deißler 2013

Interkulturelles- u. Transkulturelles Management (German)

Intercultural &Transcultural Management (English)

Gestion Interculturelle et Gestion Transculturelle (French)

Gerencia Intercultural y Gerencia Transcultural (Spanish)

Gerência Intercultural e Gerência Transcultural (Portuguese)

跨文化的智慧精髓 - kua wen hua de zhi hui jing sui (Chinese)

транскультурная компетенция - transkulturnaja kompetencija (Russian)

toransukaruchā ・ manējimento (Japanese)
トランスカルチャー ・ マネジメント

Vishua Chaytana (Sanskrit)

INHALTSVERZEICHNIS

1

Perspektiven einer Natalitätskultur:

Natalität, Immigration und Wertschöpfung

„Wachset und mehret euch"

Die Bibel

Niemand möchte selbst in eine Gesellschaft hineingeboren werden, in der die Lebensaussichten bei scheinbarem Überfluss stets prekärer werden und weinige Menschen möchten dieses Schicksal ihren potentiellen Nachkommen zuteilwerden lassen und entwickeln daher in dieser Hinsicht eine zynische Einstellung. Und dieser Zynismus ist alles andere als nachwuchsförderlich.

Da gibt es aber ein unübersehbares Faktum, das viele Argumente für oder wider Kindersegen überflügelt und relativiert. Fest steht, dass Kinder, der menschlichen Natur gemäß, immer noch - und daran wird sich wohl kaum etwas ändern - von Frauen geboren werden. Das weibliche Prinzip steht also im Fokus der Aufmerksamkeit. Was bedeutet das auf Deutschland bezogen?

Laut wissenschaftlicher interkultureller Forschung sind die deutschen Frauen europaweit die maskulinsten, i.e. sie haben vergleichsweise maskulinere Werte und Verhaltensweisen als ihre anderen europäischen Geschlechtsgenossinnen. Die Maskulinität priorisiert die Werte der Selbstbehauptung und des Erfolgs im Leben. Die maskulinen Wertepräferenzen gehen mit einer Ich-Orientierung einher, die das Du, sowohl im zwischenmenschlichen, als auch insbesondere im Hinblick auf die Bejahung des Lebens und der Fähigkeit einem Du das Leben zu schenken tendenziell ausschließt. Die männliche Werteorientierung geht darüber hinaus mit einem sexuellen Konkurrenzgebaren einher, das auch potentielle Zeuger tendenziell abspenstig macht. Die maskuline Wertepräferenz mit ihrer idiozentrischen oder ichorientierten Verhaltenspräferenz trocknet den geistig-körperlichen sozialen Humus, in dem Leben gedeihen kann, schlicht aus und macht ihn unfruchtbar karg.

Der damit einhergehende wohlausgewogene Yin-Yang (die beiden geschlechtlichen Prinzipien des Lebens) Polaritätsverlust in der Frau zwingt den Mann, seine natürliche männlich-weibliche Polarität anzupassen, um der Maskulinisierung der Frau gerecht zu werden. Männliche und weibliche intrapersönliche und somit männliche-weibliche interpersonale Gleichgewichte und somit das gesamte gesellschaftliche Gleichgewicht und die soziale Balance werden somit verschoben. Diese Anomalie des geistig-physischen gesellschaftlichen Terrains erzeugt einen verödenden Boden der Lebensfeindlichkeit und Unfruchtbarkeit.

Woher rührt dieser Maskulinisierungtrend? Er ist, wie wir sehen werden, geistiger Natur, bildet eine gesellschaftliche Wertepräferenz und saldiert sich als maskuline Verhaltensweisen, die antagonistisch zur Frau als Mutter und Gebärerin des Lebens sind: Die drei-Ebenen, geistig-kulturell-biologische Verkettung, bei der die geistige Ebene die die kulturell-biologischen Ebenen determinierende ist, verdeutlicht die Kausalzusammenhänge.

Dafür kann man viele Indizien finden, nicht zuletzt beginnend mit der herausragenden Rolle der Frau als Trümmerfrau zur Bewerkstelligung des Wiederaufbaus nach dem

Krieg im Kontext der vaterlosen Gesellschaft, die viele Frauen zwang, maskulinere Werte und Verhaltensweisen zu entwickeln, um zu überleben, da sie das häufig im Krieg verlorengegangene männliche Element aus ihrem persönlichen potentiellen männlichen Element speisen mussten und somit eine kompetitive Vermännlichung ihrer Weiblichkeit einleiteten. Und dieser Trend wurde durch eine konkurrenzintensive freie, wenn auch soziale Marktwirtschaft, noch potenziert. Und mit der darauffolgenden gesamtgesellschaftlichen Prekarität durch sukzessive Wirtschafts- und Finanzkrisen wurde diese Maskulinisierung durch stets zunehmende Konkurrenzbedingungen weiter gefordert und gefördert, sodass wir, in diesem Land, beginnend mit einer in der Nachkriegsära beginnenden Kausalkette nun, laut statistisch-wissenschaftlicher Kulturforschung, in der Bundesrepublik nun, sozialanthropologisch betrachtet, die maskulinste Weiblichkeit haben. Und dies ist, biologisch wie psychologisch, der Geburtenfreudigkeit der Frau eben unzuträglich. Und das durch diese Werteprädisposition bedingte soziale Terrain ist somit kinder- und lebensfeindlich.

Die starke Geschlechterrollendifferenzierung einer insgesamt maskulinen Gesellschaft erzeugt einen gesamtgesellschaftlichen Maskulinisierungsimpact, in dessen Kontext man die Machowerte sucht, und damit die femininen Werte verdrängt, da die sich selbstbehauptende Maskulinität den Vorzug genießt. Durch diesen maskulinen Einprinzipimperialismus entsteht ein Gleichgewichtsverlust in der männlich-weiblichen individuellen und gesellschaftlichen Geschlechterpolarität. Und da die Natur zur Aufrechterhaltung der individuellen und sozialen Gesundheit aber ein intrapersönliches maskulin-feminines Gleichgewicht der gesamtbiologischen Konstitution des Menschen erfordert entsteht neben der hohen Wertepriorisierung der Maskulinität und der Jagd nach ihr ebenso ein Kampf um das minderpriorisierte, verdrängte, rarifizierte und somit heiß begehrte weil unabdingbare weibliche Element. Die biologische Genderordnung scheint gestört und eine an das Pathologische grenzende Störung dieser Ordnung korrumpiert eben das biologische Terrain und macht es tendenziell unfruchtbar.

Über die historischen Ursachen für diese Entwicklung hinaus muss es aber noch tiefere geistige Ursachen geben, die diese soziokulturelle Maskulinisierungsdynamik ermöglichen, denn in Afrika beispielsweise erwirtschaften die Frauen das Gros des lebensnotwendigen Agrarprodukts und somit der materiellen Lebensbasis. Und dennoch folgt aus dieser starken Einspannung und Beanspruchung der Frau in wirtschaftliche Wertschöpfungsprozesse nicht zwangsläufig eine Maskulinisierung und Gebärverweigerung.

Vergleicht man unser Land mit den Nachbarnationen und insbesondere Frankreich, wo sowohl die Geburtenrate, als auch die Quote der Frauen in Managementpositionen höher ist, so erkennt man alsbald dass eine femininer prädisponierte Gesellschaft gebärfreundlicher eingestellt ist. Auch dort mussten Frauen die Kriegslast mitschultern, aber, um bei Frankreich zu bleiben, haben wir dort, trotz einer laizistischen Gesellschafts- und politischen Kultur, ein historisch und religionskulturell bedingt marianisch gespeistes Frauenideal der Frau als Mutter und Gottesgebärerin, das der Frau, der Familie und den Kindern natürlich einen hohen individuellen und sozialen Stellenwert einräumt, der ein lebens- und kinderfreundliches Terrain bewirkt und der ja zur Weiblichkeit mit ihrer Bedeutung für den Menschen und der Gesellschaft sagt. Dieses Ja zur Weiblichkeit statt des präferentiellen Ja zur Männlichkeit und somit die Suche nach der geistig biologischen Balance kennzeichnen den Unterschied zwischen Fruchtbarkeit und Unfruchtbarkeit, zwischen Lebens- und Kinderfreundlichkeit und deren Negation. Denn in der Wärme männlich-weiblicher, väterlich-mütterlicher sicherer Obhut und synergetischer Harmonie schlummert das Geheimnis des Lebens.

Dies dürfte eine wesentliche langfristige, geistig-historische Ursache für unterschiedliche demographische Bedingungen in den beiden verglichenen Ländern sein. Die gesellschaftliche Organisation im Hinblick auf die soziale, organisationale und familiäre Implementierung dieser soziokulturellen Wertepräferenz eines ausgewogeneren männlich-weiblichen Prinzips in der Gesamtgesellschaft ist die Konsequenz der geistigen Traditionen in den beiden Ländern. Die effektivere Familienpolitik mit einem geburtenfreundlicheren und -förderlichen Impact hat also eine geistige Ursache und ist nur eine Wirkung in der Verkettung der geistigen Ausgangstraditionen und Bedingungen und nicht die primäre, kausale Ursache, denn in Deutschland bleibt ja, trotz vieler materieller Inzentivs und einer stets besser werdenden materiellen Familienpolitik der für die Aufrechterhaltung der demographischen Kontinuität erforderliche Kindersegen aus, sodass die Menschen vieler wirtschaftlich ärmerer Völker Deutschland nun mit ihrem reichen Kindersegen, der auch der materielle Segen dieser Migranten zu sein verspricht, beglücken möchten.

Trotz aller materieller Anreize herrscht hierzulande eine gewisse Gebärverweigerung, die sich als eine der niedrigsten Geburtenraten der Welt manifestiert. Die geistigen Ursachen dafür scheinen in Analogie zur traditionellen historischen marianisch geprägten Kultur in der Abschaffung oder Reduzierung derselben in Deutschland im Zuge der Reformation zu bestehen und zusammen mit dem Maskulinisierungstrend der Moderne ein geistig-biologisch verkettetes, tendenziell unfruchtbarere Terrain zu bewirken und die Geburtenrate trotz aller materieller Förderungen und Incentives zu reduzieren. Und je mehr die Frauen somit maskuline Werte der Selbstverwirklichung, der Selbstbehauptung und des Erfolges im Leben, der materiell definiert ist, anstreben, desto weiter geht die Geburtenrate zurück.

Will man die Geburtenrate daher nach oben korrigieren, so empfiehlt sich eine sozialisierungsbasierte Revision diesbezüglicher kultureller Werte. Hier ist der Ansatzpunkt und somit der Hebel für eine Erhöhung der Geburtenrate und weniger im materiellen Ansporn in der Gestalt einer förderlichen Familien und Nachwuchspolitik. Der gängige politisch-demographische Diskurs spannt den Wagen vor das Pferd, wenn man meint, dass eine Inversion des Natalitätstrends allein aufgrund der sozioökonomischen Bedingungen des familiären Umfeldes eintritt. Es sind primär die geistig-kulturellen Traditionen mit ihren verhaltensbedingenden Werten, die ein familien- und kindesförderliches gesellschaftskulturelles und ökonomisches Umfeld schaffen. Ohne diese sind die materiellen Vorteilsaussichten für Familien mit Kindern nur für Migranten ein echter Ansporn. Aber deren Kindersegen erklärt sich stets aus einer traditionell hohen kulturellen Wertepriorisierung der Familie und insbesondere der kinderreichen Familie. Sie ist eine zentrale Finalität ihres Lebens.

Der Maskulinisierungstrend ist also negativ mit der Geburtenrate korreliert und die Umkehrung dieses Trends besteht in einer geistigen Neuorientierung der historischen männlich-weiblichen Wertepriorisierung, die durch materielle Anreize flankiert werden kann. Davon gibt es sehr, sehr viele, die allein eine Frage des gesellschaftlichen Organisationsgenies der gesellschaftlichen Organisationen und Institutionen sind. Ein zielorientiertes Brainstorming würde Dutzende von Optionen zutage fördern. Es ist nur eine Frage der gesellschaftspolitischen technischen Kreativität, während die ur-ursächliche Wertepriorisierung ein singulärer Wertewandel im Hinblick auf die geistig-soziale männlich-weibliche Wertebalance ist. Der damit einhergehende Natalitäts-Wertewandel mit demographischem Impact ist der Hebel für eine revolutionäre Familien- und somit Demographiepolitik.

Tritt dieser Wertewandel nicht ein, so kann er nur durch die Immigration mit Provenienz aus Kulturen mit einer weniger einseitigen männlich-weiblichen Werte- und Gender Balance behoben werden. Diese Kulturen werden häufig als Machokulturen bezeichnet, aber sie haben eine ausgewogenere Gender Balance, die sich natalitätsbefürwortend und nicht -negierend manifestiert. Diese defensive Einschätzung ist in biologisch-demographischer Hinsicht eine ethnozentrische Sichtweise und nicht objektiv, denn die Natur und das Leben sprechen in dieser Hinsicht ihre eigene, untrügerische Sprache. Und die ausgeprägte kooperativ-relationale Familien- und Sippenorientierung unterstreicht diese feminine Tendenz. Die emotionale Kinderzuwendung in diesen Kulturen ist weitere Evidenz für einen genderbalancierten, familienorientierten und -förderlichen gesellschaftlichen Humus.

Deutschland hat also in erster Linie weniger ein demographisches, als vielmehr ein gesellschaftliches Werteproblem mit seinen entsprechenden, natalitätsbezogenen Verhaltensweisen. Und solange kein autochthoner Wertewandel mit seinem natürlichen

Natalitäts- und demographischen Impact eintritt und Deutschland sich durch diese Wertewandelresistenz, die sich als Gebärverweigerung manifestiert, demographisch sanieren möchte, betreibt es letztendlich eine wertekompensierende Einwanderungspolitik. Man importiert Werte. Diese Werte führen zur Verhaltensweisen mit höherer Geburtenrate. Und diese demographische Kompensation führt zu mehr Humaninputs in die Wirtschaft und befriedet damit den hohen gesellschaftlichen Wert des Materiellen und der Wirtschaft, der die gebärverweigernde Maskulinisierung mit ihrer negativen demogaraphisch-ökonomisch-gesellschaftskulturellen Verkettung eingeleitet hat. Somit kann man sich die Wertewandelverweigerung leisten und dennoch, im Wege dieser Werteimportpolitik mit ihrem demographischen sozioökonomischen Impact, eine hohes Wirtschaftsniveau erreichen.

Doch die fragwürdigen Gender Gleichgewichte werden dadurch nicht ausgewogener, was soziopsychologisch Kosten verursachend wirkt und den Kompensationsvorteil durch Immigration schmälert. Und soziale Unausgewogenheiten und fundamentale Ungleichgewichte können leider auch kein Ansporn für die Zuwanderung von High Potentials sein, was die Kosten Nutzen Analyse der Immigration weiterhin zulasten der Nation schmälert. Ob die Immigration die Werte-, Demographie- und Wirtschaftsproblematik daher beheben kann ist sehr fraglich. Ersatzlösungen für eigenen Wertewandel sind längerfristig alle mit Nachteilen verbunden und sie könnten somit das strategische Ziel der Erreichung eines hohen wirtschaftlichen Wertschöpfungsniveaus mit konkomitantem sozialen Frieden und internationaler friedlicher Koexistenz torpedieren statt optimieren.

Wenn man dann noch die möglichen sozialpolitischen und kulturellen Prozesskosten der Immigration abzieht dann kann trotz scheinbarer höherer Steuereinnahmen eine negative Bilanz entstehen, die den vordergründigen Immigrationsgewinn weiter schmälern und sogar unberechenbar machen. Es ist also erforderlich, eine umsichtige, langfristige Immigrationspolitik zu praktizieren. Soviel lässt sich in einer ersten Analyse sagen. Eine entsprechende Neuorientierung wirtschaftlicher Wertepriorisierung könnte ihrerseits einen Teil der möglichen Risiken der Immigration von vorneherein gar nicht erst entstehen lassen. Dies hätte bereits früher erkannt werden können und müssen. Aber die wirtschaftliche Umstrukturierung zu weniger humankapitalintensiven, höherwertigen wirtschaftlichen Prozessen, erfordert gleichermaßen einen Wertewandel in der Wirtschaft. Somit hängt die Lösung der Probleme der Zukunft und die nationale Autonomie weitgehend mit einer Politik der Werte und des Wertwandels zusammen. Und Werte sind ein Produkt der Sozialisierung, die wiederum von sozialen Werten geprägt ist, die ihrerseits in den tradierten Margen historischer Werte gründen. Die wahren Ursachen der Zukunftsgestaltung liegen somit tief in der Geschichte der Völker und Nationen, der man sich stellen und von der man ausgehen muss, um die Zukunft nicht auf Sand zu bauen. Denn, wenn man nicht weiß, woher man kommt, dann weiß man auch nicht, wohin man geht: Identität, kulturelle Werte, Zukunftsfähigkeit und Willigkeit sind somit untrennbar interdependent. Um vorwärtszukommen bedarf es also einer kulturellen Rückschau und Selbstreflektion, um den erforderlichen, zukunftsförderlichen Wertewandel auf einer soliden Basis der konsolidierten Kontinuität zu gewährleisten. Alles andere ist kurzfristiger, astigmatischer Aktionismus, der von der Geschichte alsbald als kontraproduktiv entlarvt wird.

Und trotz der in mancher Augen vielleicht als politische Unkorrektheit anmutenden, aber signifikanten gesellschaftlichen, ethisch-demographischen Grundrechnung mit immenser Werteschöpfungsverkettung könnte man vermeintlichen Immigrationsbedarf auch auf der Basis eines familienkulturellen Wertewandels dadurch decken, dass man die dreihundertfünfzig- bis vierhunderttausend Abtreibungen pro Jahr in Deutschland, sowie andere verhütungsbedingte Nichtgeburten anstelle der aus ihren Ausgangskulturen herzausgerissenen Migranten in Deutschland willkommen heißt. Dies ist ein weiterer Stellhebel für eine Demographiepolitik aus bislang verschwendeten eigenkulturellen Ressourcen und ohne soziokulturelle Risiken. Es würde diesen somit geborenen und nicht getöteten Kindern und den Migranten ethisch und in manch anderer Hinsicht gerecht werden. Es ist ökonomisch unvernünftig und ethisch verwerflich, wenn man die wertvollste Ressource Mensch derart verschwendet, während man das soziale und individuelle Gewissen der Gesellschaft ausblendet.

Die säkularisierungsbedingte Werteanarchie, die dem Lustprinzip alle Macht verleiht, führt desweiteren zu einer Reduzierung der Fortpflanzungstendenz aufgrund des maskuline Werte repräsentierenden und verherrlichenden Sexismus im Zeichen der Emanzipation und der Freizügigkeit der Sexualmoral. Das biologisch-geistige Terrain der menschlichen Sexualität wird somit gleich einem monokulturell restriktiv bewirtschafteten Feld ausgelaugt und gleichermaßen unfruchtbar. Die Fragmentierung und Reduktion der Integrität der natürlichen menschlichen Sexualität in ihrem Kontext führt langfristig zum Verlust der Integrität des Menschen und der Gesellschaft – der Natur an sich. Die Trends des sexuellen Liberalismus und die Rückgang der Geburtenrate, insbesondere seit der Gegenkulturrevolution mit ihrer Verwerfung tradierter familiärer Werte, sind positiv miteinander korreliert.

Verhütung, Abtreibung und Sexismus sind weitere wertebedingte soziale Prozesse, die die Geburtenrate nach unten zwingen. Die männlichen Werte der sich selbstbehauptenden Selbstbestimmung, herausgelöst aus den ganzheitlichen menschlichen Lebenskontexten, taxieren den Menschen und die Integrität der Gesellschaft mit unabsehbaren Folgen, die man zwischenzeitlich noch durch Humanimport – gleich einer demographiespezifischen Ware – kompensieren zu können glaubt.

Eine weitere gesellschaftliche Schere, i.e. die der Gebärenden und der Gebärverweigernden mit den vermeintlich höherwertig Wertschöpfenden einerseits und jenen der den menschlichen Rohstoff Bereitstellenden andererseits könnte sich abzeichnen. Kann es eine neue Gesellschaftsordnung bedingen? Man sieht, dass die Frage der Natalität und ihres Managements von großer Trag- und Reichweite für die menschliche Gesellschaft ist. Und es erhebt sich die Frage, wie die Äonen alte menschliche Natur auf all diese Umfunktionierungen der menschlichen Natur durch nichtnaturkonforme kulturelle Werte reagiert. Es scheint eine Parallele der Entwicklung des demographischen, menschlichen Humus und dem der Natur in dem Sinne zu zugeben, dass Austrocknung und Überflutung des Terrains gleichzeitig vorherrschend sind. Die Natur des Menschen und die der Schöpfung sind Teile eines Gesamtkontinuums, eines geistig-biologischen Systems, in dem fundamentale Ungleichgewichte fraktal repliziert werden.

Der Impact des Ausscherens aus den tradierten Werten der Zivilisation mit seinen Folgen nimmt allmählich Konturen an. Und diese Zeichen der Zeit erfordern die rechte Interpretation und eine gesellschaftspolitisch korrekte Antwort.

Schließlich kann man schlussfolgern, dass die Entscheidung für die demographische Make-, statt für die demographische Buy-Option von vielfältigem Nutzen ist und eine mehrschichtige wirtschaftliche, soziale und ethische Wertschöpfungskette auslöst:

Die demographische Make-Option, die keine ethnozentrische Abschottung, sondern eine Neugewichtung von demographischen Make- und Buy-Gesichtspunkten ist, schafft einige hunderttausend Arbeitsplätze und bewirkt Kontinuität und Konsolidierung der sich entwickelnden Nationalkultur mit einer Art Schneeballeffekt. Dabei handelt es sich um langfristig interessante qualitative, wie auch quantitative Auswirkungen mit positivem demographischem Impact, die den Migrationsimponderabilien vorzuziehen sind und die aber dennoch immernoch eine Option im Lichte der weltweiten Arbeitsverknappung durch Technisierung im Ärmel der innenpolitischen intrakulturellen Kulturpolitik bleiben können und sollen. Die freie Niederlassung im Binnenraum der wirtschaftlichen Supermacht der EU, seit 1968, wird ohnehin auch weiterhin einen permanenten demographischen Sog in die wirtschaftlich attraktiveren Regionen, wie der dieses Landes, bewirken.

Die Natalitätspolitik der demographischen Buy-Entscheidung verbessert darüber hinaus den Status der Frau und somit den des Mannes und erzeugt ein lebens- und kinderfreundliches soziales Klima, in das man dann auch die echten Highpotentials, die technisch, wissenschaftlich und ökonomisch den Unterschied machen können, erfolgreich locken kann. Schließlich verleiht die natalogische Option das Gefühl einer auf moralischer Integrität gründenden Kraft und Stärke, befreit vom Alptraum der ungezügelten Immigrationsrisiken und integriert das biologische Terrain des Menschen dadurch, dass Zeugung und Sex nicht voneinander abgekoppelt werden und zu einer Anomalie des gesamten menschlich-gesellschaftlichen Terrains führen.

Eine gesunde Natalitätspolitik mit entsprechenden Werten und Anreizen hat also vielfaltige, individuell und sozial heilsame Wirkungen und fördert die Gender- Balance, deren Gleichgewichtsverlust eine wesentliche Ursache sozialer und demographischer Fehlentwicklungen war. Eine biologische und ethische Integrität des Menschen in der weiteren Natur der Schöpfung dämmert am Ende eines dunklen sozialen Tunnels und kann eine Gesellschaft mit neuen Wertes des Lebens, seiner Wahrheit und seinen singulären Werten einleiten: Ein Wertewandel, der humanere Verhaltensmodi mit ihren positiven Tugendkreisläufen bewirken kann.

Und man stelle sich den weltwirtschaftlichen und sozialpolitischen Effekt einer weltweiten demographischen Make-, einer Natalogie-, statt einer Thanatologiepolitik vor. Es könnten in Kürze Millionen Arbeitsplätze in den damit in Verbindung stehenden Berufs- und Arbeitsfeldern geschaffen werden und der weltweiten Veralterung der demographischen Pyramidendaten vieler Nationen könnte durch den somit wieder aktivierten natürlichen intergenerationen-Vertrag der gegenseitigen Unterstützung und Loyalität eine wirksame und würdige Altersversorgung entgegengesetzt werden, die die Sozialsysteme infolge der globalen Krisen scheinbar immer weniger zu gewährleisten imstande sind.

Durch eine Politik der Natalogie im hier erwogenen Sinne würde die Thanatologie oder indirekte Euthanasie am Ende und zu Beginn des Lebens wegfallen; ein Schandfleck millionenfachen geduldeten und gesellschaftlich legitimierten Tötens - den diese offenbar permanenten Genozid (hier im Sinne des Tötens des Spezies Homo sapiens in zahllosen Kulturen, Völkern und Ethnien) betreibende Menschheit bis zum heutigen Tag stündlich und minütlich toleriert. Es erklärt die Emergenz einer durch und durch inhumanen Gesellschaft, deren Ethik anderweitig nicht viel weniger korrupt sein kann, was man an den globalen Systementwicklungs- und Krisenverläufen ablesen kann. Es stünde also ein weltweiter Wertewandel der Menschheit, weg vom Ethos der sozialen Thanatologie, hin zu einer Politik der Natalogie aus, ohne die der Mensch sich nicht im Sinne eines Gott ebenbildlichen Wesens verhält und auch nur bedingt als solches bezeichnet werden kann. Und die ganze Menschheit schaut diesem Holocaust globaler Natur zu. Mensch, wohin bist du gekommen, wie weit hast du dich und somit deine Werke vom Menschlichen entfernt, deren Impact man nun weltweit zurecht anprangert? Denn dann ist der Schritt zum weltweiten Morden auf anderen Ebenen und in anderen Bereichen auch im Bereich des Möglichen und Legitimen und leicht zu rechtfertigen, ohne dass jemand ob des systematisierten und legalisierten Rückfalls in den gesellschaftlichen Kannibalismus daran größeren Anstoß nähme.

Doch man täusche sich nicht, denn jene, die das Recht auf Leben zulasten des Schwächeren lösen wollen, können selbst auch irgendwann von Thanatos' Macht bezwungen werden und dann hat in erster Linie der ethische Mensch, der das Leben respektiert, vielleicht auch eine berechtigte Hoffnung auf einen diesen überwindendes jenseitiges Leben.

Eine rational initiierte wirtschaftlich, wissenschaftlich und kulturell konsistente, gesunde Natalitätspolitik ohne vergangene völkisch-rassische Untertöne kann einen Wertewandel bedingen, an dessen vitalen, seidenem Faden die Meisterung der Zukunft und einer zivilisierten Gesellschaft hängen könnte. Es ist ein Weg, Nutzen und Ehre des Landes auf ethischem Wege wiederherzustellen, der die Vision des Sehers des Sanges der alten Linde von der kommenden Zeit mitrealisieren helfen kann. Und all das basiert auf einer neuen, alten Wertebewusstheit und ihrer praktischen gesellschaftspolitischen Implementierung gegen niemand und solidarisch mit den Menschen des Landes und der Welt im Lichte historischer Verantwortung vor Gott und der Welt:

Deutscher Name, der Du littest schwer

Wieder glänzt um dich Dich die alte Ehr,

Wächst um den verschlungnen Doppelast,

Dessen Schatten sucht gar mancher Gast

2

Visionen und Modellierung eines multikulturellen Deutschland: Ein kulturhistorisches Experiment

Diese Erörterung ist kein Plädoyer gegen oder für Immigration unter ideologischem Blickwinkel, sondern Evidenz für einen roten Faden in den eigen-fremdkulturellen Wechselwirkungen, dessen Kenntnis und Verständnis im Hinblick auf die Formulierung einer angemessenen intrakulturellen Kulturpolitik vonnöten erscheint. Ohne diese Bewusstwerdung bleibt die Bewältigung der Migration, Integration und Partizipation ein auf Sand statt auf zeitresistenten Fels gegründetes historisches Deutschlandprojekt, das alsbald vom Strom der Zeit hinweggespült und seinerseits ein unüberschaubare gesellschaftliche Wellendynamik, bis hin zu einem Tsunami des Kulturkampfes entfachen könnte.

Eigen-fremdkultureller Wechselwirkungen bewusstes Kulturmanagement und strategisches politisch-gesellschaftliches Kulturmanagement im Lichte der Evidenz historischer kultureller Dynamiken, die eine Gesetzmäßigkeit offenbaren und die man im Hinblick auf das intrakulturelle Kulturmanagement in diesem Land und in unserer Zeit nicht ignorieren kann, sind ein wesentlicher Tenor dieser Exposés. Denn, ansonsten könnte die „Xenofalle" (die kulturelle Falle, die durch das kulturell unangemessene politisch-gesellschaftliche intrakulturelle Kulturmanagement entsteht) zuschnappen. Und niemand, ob Bürger, Gesellschaft oder Staat möchte in einer Falle gefangen sein, die die Freiheit und Selbstbestimmung auf unüberschaubare Zeit irreversibel beendet. Es wäre die Negation unserer Grundwerte der nationalen Einigkeit, kulturellen und demokratischen Gerechtigkeit, und solidarischen Brüderlichkeit, sowie der im Grundgesetz expressis verbis formulierten und vom Bundesverfassungsgericht in den fünfziger Jahren interpretierten und detaillierten Grundrechte der Bürger der Bundesrepublik Deutschland.

Auch müssen die Rechte des Staates in der Gestalt einer zeitgeistrelativen Regierung mit ihren bedingten gesellschaftlichen Zukunftsvorstellungen einerseits und die Grundrechte und Bedürfnisse der Bürger langfristig in Einklang gebracht werden.

Hier sollen auch nicht US-amerikanische kulturelle Schmelztiegel- (eine zentrale amerikanische Konvergenzkultur für alle kulturelle Diversitätsintegration der Einwandererkulturen-Mitglieder), kanadische Salatschüssel- (gezielte Förderung diverser immigrierter kultureller Ethnien), brasilianische oder andere kontextspezifische Kulturmodelle im Hinblick auf ihre Anwendbarkeit auf des Einwanderungs- und Integrationsland Deutschland mit seinen kulturellen Integrationserfordernissen überprüft und Inspirationen für die Durchsetzung einer politisch erwünschten und erforderlich erscheinenden Leitkultur gewonnen werden, sondern es geht vielmehr um eine spezifisch deutsche Kulturexploration grundsätzlicher Art, auf deren Basis man zentrale und unabdingbare kulturelle Selbsterkenntnis gewinnen kann. Auf dieser kann man eine angemessene Einwanderungs- und intrakulturelle Kulturpolitik formulieren.

Dabei stehen auch wünschenswerte intrakulturelle interkulturelle Synergien, die Beilegung intrakultureller Antagonismen und latenter Konflikte und die diversen Modelle der friedlichen Koexistenz und Partizipation diverser Ethnien und kulturelle Kooperation und Partizipation in einem Integrators- oder Einwanderungsland   nicht primär im Rampenlicht der Erörterung, sondern die deutsche kulturgeschichtliche Evidenz mit ihrer Dynamik und ihrem Impact.

Die Aufarbeitung der kulturellen Defizite erfordert vielmehr eine grundsätzliche Herangehensweise, um eine angemessene Kultur- und Einwanderungspolitik zu formulieren und diese in eine kulturell nachhaltige Praxis umzusetzen, die bislang theorieresistent und im intrakulturellen Alltag noch von diversen sozialunverträglichen Machtdynamiken geprägt zu sein scheint.

Experimente sind naturgemäß ambivalent. Die Etymologie des Begriffes Experiment verweist auf die Erfahrungskomponente darin. Doch es gibt Szenarien, bei denen man nicht, wie im Labor, Experimente vielmals wiederholen und mit verschiedenen Kontexten und Variationen der Inputs in das Experiment gewissermaßen spielen kann, um dann ein Optimum zu finden, das man dann in der Praxis, in größerem Rahmen und mit einiger Sicherheit was die Folgen anbelangt, realisieren kann. Viele Szenarien sind eher vergleichbar mit dem Poker oder dem Roulette, wobei man alles gewinnen oder auch augenblicklich alles verlieren kann und wo Fortuna keine oder nur geringfügige Reiterationen erlaubt. Das heißt, wenn man dabei einen Fehler gemacht hat, dann ist dieser, wenn überhaupt, nur schwer revidierbar. Im menschlichen Bereich sollten Experimente daher tunlichst unterlassen werden.

Im Falle der Kulturpolitik im Sinne der Einwanderungspolitik oder der demographischen Zukunftsoptionen kann man zwar - da es keine wirklich verlässlichen Präzedenzen für unser Land gibt - nach dem Prinzip des Versuchs und des Irrtums vorgehen, doch dies bewirkt immer ein Quantum an Risiko, das alsbald schwer managebar zu sein scheint.

Deutschland hat kulturastigmatisch mit hohem Risiko im Hinblick auf die Einwanderungspolitik gepokert, um den ganz großen nationalen Wirtschaftsgewinn zu erringen. Das ist beinahe ins Auge gegangen und es ist bereits kaum noch revidierbar, da die Ausländer, die man kurzsichtig für vorübergehende menschliche Import-Inputs in der Nationalökonomie zu deren Effizienzsteigerung hielt, die man bei Bedarf wieder freisetzen könnte, ohne größere Rechenschaft darüber ablegen zu müssen, hierhergekommen sind, um zu bleiben und den Kuchen, den sie miterwirtschaftet haben, voll und ganz mit den Einheimischen zu teilen gedenken.

Die Geister, die man in deutscher Zauberlehrlingsmanier gerufen hat, wurde man nicht mehr los, im Gegenteil, es hat sich eine gesellschaftliche Abhängigkeit davon ergeben, der man nun fassungs- und machtlos gegenübersteht und die unvorhergesehene Proportionen anzunehmen droht, die sich mehr und mehr der gesellschaftlichen Kontrolle entziehen zu scheinen. Die losgetretene Lawine ist zu einem Selbstläufer geworden, der nicht mehr zu bremsen ist und die, wie jede Lawine, katastrophale Ausmaße annehmen und vieles unter sich begraben kann, ohne dass irgendjemand oder irgendetwas sich ihr in den Weg stellen könnte. Was mit einem scheinbar harmlosem Schneeballspiel zur gesellschaftlichen Ergötzung und unverbindlichen exotisch-pragmatischen Bereicherung heimischer Lande begann, ist mit unversehens, mit der Zeit, als verheerende Lawine über das deutsche Volk hereingebrochen, während alle lustig weiterspielten und gar nicht merkten, was hier zu entstehen im Begriff war.

In der asiatischen Kriegsstrategie versucht man, gezielt die Natur gegen den Feind zu dessen Vernichtung einzusetzen. Man kann beispielsweise Baumstämme einen Berg herunterrollen, wie es im Indiochinakrieg geschehen ist oder eine Lawine auslösen, um die feindlichen Truppen damit zu überrollen, wie es in der Geschichte bereits geschehen ist. Doch kaum eine Gesellschaft ist wohl so suizidär und unbedarft, dass sie die Waffe der Natur gegen sich selbst einsetzt. Zumindest ist dies geschichtlich nicht geläufig, es sei denn, um einen inneren Feind zu besiegen.

Überträgt man dieses Strategem auf die Gesellschaft und ihre demographischen Bedingungen, so könnte man beispielsweise ein Volk mit einer fremden ethnischen Lawine überrollen und es somit durch eine andere Ethnie substituieren. Je nach Art und Intensität führt dies zu Formen der ethnischen Säuberung. Es ist ein feindseliger Akt par excellence, da er nicht die Infrastruktur des Feindes oder sein Kriegsmaterial, ja selbst seine Armee, vernichtet, während sich das Volk nach dem Krieg wieder regenerieren kann. Nein, diese Strategie zielt auf die Zerstörung der Substanz der Gesellschaft ab, sodass sie sich nicht mehr in gewohnter Weise, wie es nach militärischen Konflikten in der Regel der Fall ist, regenerieren kann. Die Lawine soll die bestehende kollektiv menschliche Substanz gewissermaßen regelrecht unter sich begraben, sodass ein neues und anderes Folgegebilde das alte ablösen kann. Hierbei handelt es sich zweifelsfrei um feindselige Akte, die an extreme Formen des Imperialismus oder der Diktatur erinnern. Aber sie werden immer noch international und intrakulturell eingesetzt:

Man denke beispielsweis nur an Tibet, dessen resistente Kultur man im Wege der Ein-China-Politik nur im Wege eines progressiven Han-chinesischen ethnischen Inputs demographisch à la longue zu besiegen sucht. Es ist eine indirekte Eroberungsstrategie, in der die Zeit zugunsten der Eroberer zu spielen scheint. Mit der Zeit wird das demographisch-ethnische Gleichgewicht kippen und die kulturell eroberungsrestente Zielkultur wird durch die kulturtypische Ausdauer und langfristige historische konfuzianische Strategie der Sun Tzu'schen Kriegskunst dem strategisch politischen Zentrum des Landes der Mitte in Peking als reife Frucht von selbst in den Schoß fallen. Die Lawine ist im Rollen, gleich wieviele Stupas und Gebetsmühen dies zu verhindern suchen, die bislang die kulturelle Widerstandskraft symbolisieren. So ist zumindest das imperialistische Kalkül der Ein-China-Politik Pekings. Und die hat ein sehr langfristiges Gedächtnis und vergisst keines ihrer Schäfchen, weder Tibet noch Taiwan, noch andere von Japan beanspruchten Territorien... Es gibt also bis in unsere Tage hinein Beispiele für den Sieg über eine Gesellschaft im Wege der Kulturpolitik, oder der ethnisch-demographischen Strategie auf lange Sicht, die todsicher wie eine Lawine ist, demographisch ebenso wie urweltlich. Die Naturgewalt ist unerbittlich und verschont nichts und niemand. Kriegsstrategie vom Feinsten, die man höchsten seinen ärgsten Feinden angedeihen lässt.

Welches Volk käme aber unter normalen Bedingungen auf die letale Idee, sich derartigen Horror selbst zuzufügen. Es müsste den Glauben an sich und seine Zukunft gänzlich verloren haben und gleich den Nazischerken zur ultimativen Lösung greifen wollen, wenn die Dinge nicht nach Plan laufen sollten, wie es der Fall war und man mit einem derartigen Gesichtsverlust und existenziellen Folgen einfach nicht fertig geworden wäre.

Deutschland möchte um jeden Preis groß sein, auch zu dem der Auslösung einer seine angestammte Kultur vernichtenden ethnischen Lawine, die alsbald ihre eigne Logik der Irreversibilität annimmt. Es pokert zu hoch. Alles gewinnen wollen zum Preis der ethnischen Selbstzerstörung! Und doch ist dieses Szenario dem vorausgehenden, sehr extremen der Naziepoche, nicht eben unähnlich. Alles haben oder alles zerstören wollen, inklusive seiner selbst. Und es ist ein realistisches Szenario, da Ausgänge völlig unvorhersehbar sind. Doch wie rational ist ein derartiges Verhalten? Ist es die unbewusste Fortschreibung des alten Größenwahnsinns durch die ökonomische Hintertür, dessen Erfüllung auf martialisch, rassistischem Wege versagt blieb? Und gibt es eine Iterationswahrscheinlichkeit des Alten im neuen Gewand? Die kulturellen Grundtendenzen einer Gesellschaft scheinen sich, laut interkultureller Forschung, nur gering und wenn, dann nur sehr langfristig zu ändern. Deutschland muss sich also prüfen, ob es in Zyklen seiner stets an den Abgrund führenden soziopsychologischen Tendenzen gefangen ist, die es wie unerbittliche Programme steuern, solange sie nicht bewusst gemacht werden. Ihr logisch-rational einwandfrei anmutendes Erscheinungsbild scheint doch durchaus sinnvoll und vernunftgesteuert zu sein! Ist es das wirklich? Das sind Fragen, denen man sich stellen muss, um langfristig demographisch wirklich nachhaltig-sinnvolle Demographiepolitik zu planen und zu realisieren.

Die Unbewusstheit der Prozesse würde zu den unverantwortlich hohen Einsätzen und Risiken passen. Ebenso auch die Ignorierung oder die Akzeptanz der Selbstvernichtung in der Folge. Es scheint vielmehr auf Irrationalität als auf Rationalität im Sinne vernunftbasierter Intelligenz hinzudeuten! Und man wird daher Bedenken leichtfertig von der Hand weisen und gleich einem Poker- oder Roulettespieler, der von der Gewinnaussicht hypnotisiert ist oder vergleichbar mit einem Drogenabhängigen, nicht vom abhängigen Ansinnen ablassen können. Irgendein Problem scheint nicht gelöst zu sein, das die Akteure stets zu diesem Abhängigkeitsverhalten rückkehren lässt. Was ist analog in der deutschen Psyche nicht gelöst, sodass sie derartige Risiken eingeht? Nun, es hat mit der Identität zu tun:

Man hat ein Bild mythischer Größe von sich, das man mit allen Mitteln, einschließlich der Selbstzerstörung zu realisieren sucht, wenn das absolute Ziel nicht erreichbar ist. Daher sollte jegliche Einwanderungspolitik, die als ethnische Lawine wirken kann, von einer kollektiven Psychoanalyse begleitet sein, die die tieferen Motive anscheinend vernünftiger wirtschaftlicher und politische Motive sondiert. Vielleicht kommt man dann zu einer Kurskorrektur der Einwanderungspolitik im Lichte der Bewusstwerdung der verborgenen Motivationen hinter den Oberflächenmotivationen. Dadurch könnte man sich große und irreversible politische Fehlleistungen eventuell ersparen und demographisch verträglichere Alternativszenarien entwickeln, die etwas bescheidener ausfallen könnten, aber weniger risikobehaftet sind. Und vielleicht haben die dann langfristig sogar bessere Aussichten nationales Profil und Potenz zu generieren als jene exzessiv riskante Politik.

Wie würde sich das autochthone Fortpflanzungsverhalten beispielsweise bei durchaus realistischen idealen sozialen Rahmenbedingungen entwickeln? Könnte man das nationale Fortpflanzungsgebaren lenken, um ein Natalitätsniveau zu erreichen, das die exzessive Einwanderungspolitik gar nicht erfordern würde und die sogar kontraproduktiv für diesen kulturellen Wandel wäre. Die große Drachen- und Elefantenkulturen können sich ihrer Fortpflanzungsfreude kaum erwehren und das geostrategische Zentrum der Welt verlagert sich bereits zunehmend in ihren Bereich. Patriarchalische Kulturen mit der Familie als zentralem Wert und Prototyp aller sozialen Organisation räumen der Familie einen Stellenwert ein, der auch hierzulande emulationswürdig wäre. Es würde genügen von anderen Kulturen zu lernen, statt sie gleich in Bausch un Bogen zu importieren und die einheimische Kultur für Folgegenrationen irreversibel fremdkulturell zu pfropfen. Doch auch dies liegt im Bereich der kulturellen Werte, die wiederum mit der heimischen Crux der kulturellen

Identität einhergehen. Frankreich, das hier weniger belastet scheint, kann hierbei auch in mancher Hinsicht ein kultureller Lehrmeister sein, wenn es in wirtschaftlicher Hinsicht auch Belehrung zu brauchen scheinen mag. Doch ist die demographische Strategie nicht Teil der Wirtschaftsstrategie, aber noch viel fundamentalerer Natur? Ob die Wirtschaft nun floriert oder dahinonduliert, was ist das im Vergleich zur Frage nach der Substanz und der geschichtlichen Permanenz eines Volkes? Das Belehren gilt es also durch fundamentalere Ebenen der Analyse zu relativieren und dann kann sich das Lehrer – Schüler Verhältnis im Nu umkehren.

Dies bedeutet keinen Einwanderungsstopp, da die Überbrückung dieser längerfristigen demographischen Strategie Einwanderung erforderlich macht, während sie die Unterbindung des Lawinenprozesses bewirkt. In jedem Fall erfordert es eine Überwindung des kulturellen Astigmatismus und des Alles oder Nichts, hier und jetzt haben Müssens eines wenig rationalen Verhaltens, das eher an abnormale als an gesunde menschliche Verhaltensweisen erinnert.

Deutschland und seine Führung haben durch Verführung die zerstörerischste Lawine der modernen Geschichte losgetreten, nachdem es bereits die der Reformation, sowie die des Marxismus losgetreten hat, die allesamt bis heute noch nicht zur Ruhe gekommen sind und ihr zerstörerisches Werk, gleich einem Tsunami auf dem Meer der Menschheitsgeschichte, in der Zeit, ohne absehbares Ende fortsetzen.

Nemesis hat Fortuna gegenüber Nachsicht geübt und diesem Land eine gerechte historische Kompensierungschance zuteilwerden lassen, indem sie ihm in der Nachkriegsära die Möglichkeit darbot, eine Welle, ja sogar einen Tsunami des Friedens in Europa und der Welt und in Deutschland auszulösen. Unter der Ägide der Alliierten und mit einem derart inspirierten Grundgesetz, das der Menschenwürde als unantastbarem und unveräußerlichem Gut die höchste Priorität einräumt, selbst wenn diese innovativen Konzepte in der Praxis damals für die breite Öffentlichkeit völlig fremd und gleich böhmischen Dörfern sogar der vermeintlichen geistigen Elite kryptisch anmuteten. Schließlich konnte diese neue Elite in der Gestalt des

Bundesverfassungsgereichtes diese Zielvorstellungen erst in den fünfziger Jahren mit Substanz erfüllen, während jedoch bis zum heutigen Tag eine meilenweite Lücke im Hinblick auf deren praktische Umsetzung klafft und der Graben sich eher zu vergrößern statt überbrückbarer zu sein scheint, sodass das autoritäre Business as Usual mit seinen unseligen politischen und gesellschaftlichen Gewaltakten im Inland und gegenüber der internationalen Gesellschaft wieder in den deutschen politischen und gesellschaftlichen Alltag einkehrte, der sich als linker und rechter Extremismus und Terrorismus, sowie Autoritarismus und defizitäre Demokratie in diverser Gestalt manifestierte.

Die Wellen oder Lawinen geistiger Art erzeugen Folgelawinen oder eine Wellendynamik, die kaum zum Erliegen gebracht werden kann; gegebenenfalls nur mit Hilfe des Auslandes, das frei von dieser historisch-kulturellen Erblast ist. Deutschland als Hort des Frieders in der Welt ist nicht eingetreten. Die universelle Welle der geistigen Wiedergutmachung zerschellte alsbald auf dem Granit zeitüberdaurnder Tendenzen. Der Verlust des Humanen, der Solidarität und des Altruismus, sowie der familienunfreundliche Säkularisierungsimpact haben eine geburtszynische Einstellung und damit demographische Herausforderungen ausgelöst, die man durch familienfeindlichere Kulturen zu kompensieren sucht, statt zuerst das eigene Haus in Ordnung zu bringen und statt anderen Kulturen als Leihgebärmütter zu kolonisieren. Was die weiblichen nationalen Gebärmaschinen des Führers nicht vermochten sollen nun die fremdkulturellen durch die kulturelle und wirtschaftliche Hintertür bewerkstelligen und damit den Luxus der deutschen wirtschaftlichen und politischen Machtgratifikation und der Anmaßung kultivieren.

Deutschland sollte zum Schauplatz des strategischen Showdowns der Systeme werden, so war das ost-westliche strategische Kalkül und Verständnis. Dies war die nächste Station der historischen Lawinensymptomatik. Und die nachfolgende ist die des historischen multikulturellen Deutschlandprojektes das wenigstes innenpolitisch eine Welle der friedlichen Koexistenz multikultureller Diversität realisieren könnte, sodass über diesen Weg ein nachahmenswertes Leuchtfeuer für globales friedliches Miteinander der Kulturen der Welt im globalen Zeitalter entstünde.

Doch hier scheint, entgegen der Langmut von Nemesis und Fortuna, eine zyklische Wiederholung der tradierten kulturellen Tendenzen stattzufinden, die man in folgendem kulturhistorischen vier-Phasenmodell zusammenfassen kann.

1. Die Zerstörung fremder Kulturen zur Huldigung eigenkultureller Identität durch fremdkulturellen Genozid-

2. Die Instrumentalisierung fremder Kulturen für den nun erforderlichen Wiederaufbau.

3. Die fremdkulturelle Option für die demographische Sanierung der Nation.

4. Schließlich die Sanierung der Identität durch eine Form des intrakulturellen Röstigrabens und die damit einhergehenden negativen Abgrenzung des Fremd- vom Eigenkulturellen und dem somit erneuten, friedlicher erscheinenden Versuch der Erlangung einer kulturellen Identität über die intrakulturellen fremdkulturellen Ethnien.

Die vier Phasen der mit der kollektiven Hybris und kulturellen Anmaßung ausgelösten Lawinenverkettung findet auf fremdkulturellem Rücken statt, weil ein Land seine kulturelle Identitätsfrage zulasten Dritter, statt in und bei sich selbst lösen wollte und dies weiterhin zu beabsichtigen scheint. Wo soll diese zyklische Wellenbewegung noch hinführen? Wenn dieser Zyklus nun nicht endlich greift und identitätsbewirkend fruchtet, dann beginnt womöglich ein neuer Zirkulus vitiosus, bis die geistige Architektur der Menschen dieser Kultur endlich im Lot ist und somit keine fremdkulturellen Kompensierungsexperimente mehr erforderlich sind. Diese innere Integration des Menschen und der Kulturen ist unabdingbar und es gibt keinen Frieden, bis ein gewisser Grad innerer Einheit und Kohärenz des Wesens erreicht ist. Sie begründen die kulturelle Identität und damit eine Friedensperspektive.

3

Die xenologische Falle und der Fall

Deutschland

Im vorausgehenden Kapitel haben wir die Identitätsfrage als zentralen Auslöser der kulturellen Lawinen- und Wellendynamik erkannt, die nicht kryptogenetisch, sondern vielmehr schlicht auf Prozessen des Bewusstseins mit dem weniger Bewussten oder Unterbewussten bei notorischer historischer Anmaßung gründet.

Zur Kompensierung dieser Schwächen werden stets andere Kulturen instrumentalisiert. Es ist Teil des Vermächtnisses der kulturellen Lawinen- oder Wellensymptomatik, die erst durch Bewusstwerdung resorbiert und zur Ruhe kommen kann. In dieser bewussten Realisierung im Sine des kausalen Verständnisses der endlos diffundierenden Dynamik kann eine von ihrem Kollateralschäden bereinigte Identität entstehen, die nach innen und außen friedfertig ist, weil sie im Inneren des Menschen erfolgt ist, was sich nunmehr als sozialer, intrakultureller und interkultureller Friede externalisiert:

Der Nazismus hat seine Identitätsdefizite intrakulturell und international durch dessen Externalisierung als Völkermord zu kompensieren versucht.

Das auf innerer Schwäche gründende Identitätsdefizit gedachte, in Fortschreibung der als kultureller Tenor identifizierten losgetretenen und keine Ruhe findenden Lawinen- oder Wellendynamik, wie es für einer langfristig-überzeitlichen Beobachter der Landeskultur vorhersehbar ist, auch das Wirtschaftswunder des Wiederaufbaus und der Prosperität nach dem tradierten Muster der Instrumentalisierung fremder Ethnien zu vollbringen. Doch damit nicht genug, nach der quasi Realisierung dieser bedeutsamen historischen Leistung soll nun die Welle oder Lawine im Zuge ihrer Ausbreitung auch noch die Probleme der deutschen demographischen Nöte bewältigen – und natürlich wiederum, in Einklang mit dem kulturellen Tenor dieser Lawinen- oder Wellendynamik, mit Hilfe und auf Kosten fremder Völker.

Vom Nazismus der übersteigerten Identitätskompensation und dem damit einhergehenden Genozid für die kollektive Selbstrealisierungshybris über das Wirtschaftswunder und über die geplante Rettung Deutschlands in seiner menschlichen Substanz, bis hin zur finalen Identitätskonsolidierung, spielen Fremdkulturen stets eine zentralen Rolle. Deshalb ist für die Schaffung einer systematischen Xenologie zu plädieren, die dieses Phänomen des Fremden und seine Bedeutung in Bezug zum Eigenen ebenso gründlich erforscht, wie es in Technik, Wissenschaft und Wirtschaftseffektivität, wenn auch kurzfristig, der Fall zu sein scheint, obgleich und eben weil die innere Dimension mit ihren kausal wirkenden Defiziten und somit ihrer Unbeherrschbarkeit aus Gründen einer latenten inneren psychologischen Schwäche ausgeklammert wird. Wenn die innere und die äußere Entwicklung einen Gleichklang erreicht haben, dann kann man von einer Trendwende ausgehen.

Diese systematische Instrumentalisierung fremder Kulturen verleiht jenen Kulturen große Macht als Realisierungsfaktor im Hinblick auf die eigenkulturelle Identität und Effektivität. Sie muss schließlich in einer beherrschenden Machtposition gegenüber der Eigenkultur gipfeln und alle kulturellen und damit langfristigen politischen und wirtschaftlichen Gleichgewichte zugunsten des Fremdkulturellen verändern. Dies ist nur eine logische Progression der Lawinen- und Wellendynamik, die, ebenso wie in der Natur, unaufhaltsam in der Zeit wirkt.

Eine versäumte Einwanderungspolitik ex post kann da sehr wahrscheinlich nur noch kosmetischen Impact haben. Alia iacta est! Rubicon transitus! Die kulturellen Tendenzen erfüllen sich mit Naturgewalt, während der Mensch und die Gesellschaft inklusive der strategischen Entscheider und Politiker auf einen Zuschauerrang in der Arena der kulturellen Machtverhältnisse mit ihren Dynamiken reduziert sind, wo sie dem Geschehen ohne Möglichkeit der Steuerung hilflos und sprachlos ausgeliefert sind, denn in der deutschen kulturellen Arena hat deutsche Sprache und Kultur keine Leitfunktion mehr. Und somit bestimmen die Kanonen fremdkultureller Werte das Geschick eines Volkes, das angetreten ist, alles zu gewinnen, auch zum Preis des eigenen Niedergangs. Einige Deutsche, die das kulturelle Schiff Deutschland desertieren, versuchen in ihren lokalen Dialekten und kulturellen Eigenheiten und Traditionen Zuflucht zu nehmen und wollen sie sowohl, sich selbstbehauptend, intra- und interkulturell kompromisslos durchsetzen. Es führt zu einer Eskalation der kulturellen Selbstbehauptungsdialektik; einer kulturellen Konfliktspirale, die intrakulturelle Verwerfungen bewirkt, die Migranten verwirrend, diese mangels einer integrativen Zielkultur - und nun zielkulturresistent und integrationsunwillig geworden - auf ihre Heimatkultur im Gastland zurückwirft und die Gastlandkultur dann nur noch opportunistisch für ihre rein materiellen, kurzfristigen Zwecke zu instrumentalisieren gedenkt, ohne sich damit hinsichtlich ihrer Werte, Normen und Traditionen solidarisch zu erweisen. Ein Zirkulus vitiosus, der bei einer weniger astigmatischen Kulturpolitik ein nationalkultureller Zirkulus virtuosus sein könnte und sollte, wie es bei unseren europäischen Nachbarn mit einer implizit und explizit integrativen Nationalkultur trotz ihrer intrakultureller Diversität in der Regel der Fall ist. Das Schicksal eines kulturell uneinigen, formalpolitisch vereinten Landes. Fazit: die deutschen Hausaufgaben sind alles andere als gemacht, ja man gedenkt nicht einmal, sie zu machen.

Die kulturelle Hybris hat sich negativ saldiert. Der Preis ist hoch und Nemesis, die eine Chance gewährte, rächt sich nun erneut und sie kennt keine Gnade. Die Zyklen fremdkultureller Usurpierung fordern nun den Preis der eigenkulturellen Relativierung und sogar des kulturellen Endes eines stolzen Volkes, das zu einer kulturellen Führerschaft in der Welt berufen schien und avancieren hätte können. Man bedenke, dass historisch sogar erwogen wurde, selbst in Nordamerika die deutsche Sprache zu institutionalisieren. Doch es ist über seinen eigenen Schatten der kulturellen Anmaßung und ihrer zyklischen Iteration gestolpert, weil es keinen anderen Weg der Selbstrealisierung erkannte.

Gibt es jenes Quid oder jenen geheimnisvollen Herrscher, der nun das Wunder der deutschen Rettung und Rehabilitierung vollbringen könnte, ohne das Rad des deutschen Schicksals, wie das Swastika, wieder in die falsche Richtung zu drehen und somit keine weiteren Ursachen für Konflikte und propagierende Dynamiken zu bewirken.

In der alten Linde Gesang von der kommenden Zeit wird auf diese historisch-gesamtkulturelle Entwicklung Bezug genommen. Es ist zumindest als eine prophetische Reaktion auf zeitgenössische Sachverhalte zu interpretieren und in einem erleuchteten Geist zu sehen, der von seinen kulturellen Schatten möglichst bereinigt sein sollte. In den Strophen 24-26 sagt der Seher im Hinblick auf die Retablierung einer verlorengegangen, umfassenden Ordnung:

„Ja von Osten kommt der starke Held,

Ordnung bringend der verwirrten Welt,

Weiße Blumen um das Herz des Herrn,

Seinem Rufe folgt der Wackre gern

Alle Störer er zum Barren treibt,

Deutschem Reiche deutsche Rechte schreibt,

Bunter Fremdling, unwillkommner Gast,

Flieh die Flur, die nicht gepflügt du hast.

Gottes Held, ein unzertrennlich Band,

Schmiedest Du um alle deutsche Land,

Den verbannten führest du nach Rom,

Große Kaiserweihe schaut ein Dom…"

Quelle; Vision 2004, G. von Werdenberg Eigenverlag, 1994

Die Situationsanalyse ist deckungsgleich mit dem verbreiteten Gefühl eines Volkes, das sich infolge seiner kulturellen Fremdusurpierung nun selbst der Schmach der Usurpierung und Beschneidung seiner so sehr ersehnten Identitätsrechte ausgeliefert fühlt. Diese Prophezeiung scheint frappierend zutreffend. Die Intervention eines Helden Gottes und die Bezugnahme auf Rom als der Ort der Statthalterschaft Gottes auf Erden sind ein Hinweis darauf, dass nur eine übernatürliche Intervention der hier thematisierten kulturellen Lawine, die mit der Suche nach einer Identität außerhalb des Bereiches der christlichen Werte und Zivilisation, beginnend mit der Welle und Lawine der Reformation einsetzte, Einhalt gebieten kann.

Eine bescheidene, unanmaßende Interpretation bestünde darin, dass Deutschland durch eine Rückkehr zur ursprünglichen Schöpfungsordnung von dem Niedergang der letalen kulturellen Lawine oder von dem Fremdkulturen-Tsunami errettet werden kann. Der Seher sieht eine machtvolle Intervention aus dem Osten…. Und das Ganze vollzieht sich im Zeichen einer Wiederherstellung der Ordnung und des Friedens unter und in den Völkern. Wunschdenken? Messianische Erlösungssehnsucht von geschautem kulturellem, menschlichem Leid? Wir können es nicht wissen. Denn Gottes Weisheit ist über aller menschlichen Vorstellungskraft, ebenso sein Erbarmen und seine Gerechtigkeit, die über die menschliche Geistigkeit, die persönliche, wie die kulturelle, weit hinausgeht.

Wir haben keine Vorstellung von Gottes Plan für dieses Land mit seinen xenologischen und interdependenten eigenkulturellen Dynamiken, sowie der Welt, außer dass die Integrität der Schöpfung und des Menschen gewisse Werte- und Verhaltensanforderungen an die Menschen aller Kulturen stellen und dass allein dadurch kulturelle Probleme lösbar sind.

Das bedeutet, dass eine xenologische Politik im Einklang mit den Werten der christlichen Zivilisation, die auf kultureller Gerechtigkeit und Ethik gründet, initiiert werden muss. Deutschland muss endlich seine kulturelle Rechenschaftspflichtigkeit erkennen und das Erforderliche tun - ohne Schönfärberei und Sympathiehascherei - und endlich jene Hausaufgaben gesellschaftlicher Art, die es nie erledigt hat, aber stets von anderen, wenn auch anders gelagert, einfordert, nachreichen: Eine Politik der kulturellen Angemessenheit und Gerechtigkeit, die kulturelle Kolonisierer und Usurpatoren gleichermaßen und den Barren treibt!

Wenn diese politische Programmatik sich solidarisch und kooperativ mit dem Heilsplan Gottes erweist, der auf die Logik des einen Hirten und der einen Herde hinausläuft, dann kann die entfesselte zeitliche kulturelle Konfliktdynamik aufgehoben werden. Unter dieser Prämisse ist es niemals zu spät, das kulturelle Schiff Deutschland von seinem Kollisionskurs abzubringen. Die neuen Zielkoordinaten scheinen nun klarer erkennbar zu werden und es liegt bei den Strategie- und Politikgestaltern, sich des Erbarmens Gottes in der Praxis würdig zu erweisen und sich von den historischen Verkettungen menschlicher Schwächen zu befreien. Der so initiierte gesellschaftliche Tenor kann die Gesellschaft fraktal durchdringen, die erforderliche Bewusstheit bewirken und somit den Kern des Kulturproblems mit seinen kausalen Verkettungen menschenmöglich beherrschbar zu machen. Eine kollektive Selbstrealisierung außerhalb der Schöpfungsnormen, die erkennbar sind, kann nicht mit Erfolg beschieden sein, da sie das Karussell der identifizierten Dynamik antreibt. Es kann aber enden und darin besteht die hier formulierte Hoffnung, sofern der Mensch mit Gottes Gnade mitarbeitet. Somit kann die deutsche Kulturgeschichte von ihrem riskanten Experimentalcharakter mit sich selbst und der übrigen Welt bereinigt, steuer- und positiv prognostizierbarer gemacht werden.